軽いバタークリームで作る

フラワーケーキ

長嶋 清美

文化出版局

はじめに

ケーキの箱を開けた時の驚きと歓声。
フラワーケーキを作っていると、
そんな幸せな瞬間に何度も出会えます。

色とりどりのクリームで作る花たちは
少し難しく思えてしまうかもしれませんが、
基本をおさえれば、作る楽しさに
夢中になってしまうと思います。

そして、この本でご紹介しているバタークリームは
とても軽やかで、今までの重い・あまりおいしくないという
イメージを覆してしまうことでしょう。
ぜひ召し上がってほしい味です。

いつものケーキをちょっとドレスアップさせて
様々なシーンで作っていただけたら嬉しいです。

Sakura bloom

長嶋 清美

Contents

Chapter.1 フラワーカップケーキ

バラ	8	・作り方 − 10
ラナンキュラス	12	・作り方 − 13
アネモネとライラック	14	・作り方 − 16
カーネーション	15	・作り方 − 17
パンジー	18	・作り方 − 20
フリージア	19	・作り方 − 21
チューリップとかすみ草	22	・作り方 − 23
ダリア	24	・作り方 − 25
菊	26	・作り方 − 28
椿	27	・作り方 − 29
ピオニー	30	・作り方 − 31
スカピオザ	32	・作り方 − 33
ポインセチアとプリンセチア	34	・作り方 − 35

Chapter.2 多肉植物のカップケーキ

多肉植物の寄せ植え	38	・作り方 − 40
サボテンの寄せ植え	42	・作り方 − 44

Column

01） 本書に登場する花　　　36
02） ラッピングして贈る　　46
03） 皿にデコレーションする　64

Chapter.3　季節のフラワーケーキ

・Spring・
イングリッシュローズ　　　　　　48・作り方 — 49
ブルースターとクリスマスローズ　50・作り方 — 51

・Summer・
あじさい　　　　　　　　　　　　52・作り方 — 53
プルメリア　　　　　　　　　　　54・作り方 — 55

・Autumn・
コスモスとストック　　　　　　　56・作り方 — 57
トルコキキョウ　　　　　　　　　58・作り方 — 59

・Winter・
松ぼっくりとコットン　　　　　　60・作り方 — 61
胡蝶蘭　　　　　　　　　　　　　62・作り方 — 63

Chapter.4　フラワーケーキの基本

揃えておきたい道具と材料　　　　66
基本のバタークリーム　　　　　　68
バタークリームの着色　　　　　　69
基本のメレンゲ3種　　　　　　　70
バタークリームのカラーチャート　71
口金と絞り出し袋の使い方　　　　72
花絞りの基本　　　　　　　　　　74
土台となるケーキの作り方　　　　76
ケーキのデコレーション方法　　　78

||| 本書の決まりごと |||

◎バターは食塩不使用のものを使用しています。
◎色付けに使用するパウダーは、商品によって発色に差があります。
◎着色料は少しずつ加え、微調節してください。
◎土台のケーキは焼き上がったら、必ず粗熱をとってください。
◎作ったケーキは冷蔵保存で約5日の日持ちです。

Chapter.1
フラワーカップケーキ

小さなカップケーキを彩る、
花の作り方を紹介。
カップ一面に大輪の花を作ったり、
好きな花を集めてブーケにしたり、
自由にアレンジしてみて。

バラ

華やかで愛らしい
フラワーケーキの定番。
ぐるっと巻くだけの簡単なバラや
花びらを1枚ずつ絞る本格的なバラなど
3タイプのバラを紹介。

Recipe — バラA P.10

バラB P.10

バラC P.11

バラ A

使用する口金とバタークリーム

①#2D（フラワー口型）
ピンク

②#349（リーフ口型）
イエローグリーン

③コルネ
ホワイト

材料

カップケーキ

バタークリーム

1. クリーム①を垂直に持ち、ケーキの中心に絞りはじめる。

2. そのまま外側に向かって渦を巻くように絞っていく。力を入れて一気に絞り出すと、美しく仕上がる。

3. 2の絞り終わりを中心に、クリーム②で葉っぱを放射状に3枚絞る。口金を斜めに当て、軽く押し戻しながら絞り、力を抜いて後ろにスッと引く。

4. 葉の中心にクリーム②を少し絞り、その上にクリーム③でドットをたくさん絞る。

バラ B

使用する口金とバタークリーム

①#102（バラ口型）
スモーキーピンク

②#349（リーフ口型）
イエローグリーン

材料

カップケーキ

バタークリーム

1. ケーキの中心にクリーム①で蕾を絞る（P.75 立体的な花「バラ」1〜4参照）。

2. 蕾を花びら4枚で囲う。口金の口の広いほうを下にし、奥から手前へ弧を描くように絞る。常に、直前の花びらの半分の位置から絞りはじめること。

3. ケーキの縁まで繰り返し絞る。花びらは、外側にいくにつれて少し浮かせて絞り、絞る角度も外向きに変化をつけていくと立体的に仕上がる。

4. バラとケーキの間にクリーム②で葉っぱを絞る。口金を斜めに当て、く押し戻しながら絞り、力を抜いて後にスッと引く。

バラ C

使用する口金とバタークリーム

①口金なし
（絞り出し袋の先端を真っすぐに切る）
コーラルピンク

②#124（バラ口型）
コーラルピンク

③#349（リーフ口型）
イエローグリーン

材料

カップケーキ

バタークリーム

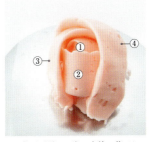

クリーム①を垂直に持ち、フラワーリフター（P.67）の中心に花芯を高く絞り押し戻しながら絞り、上にスッと引き上げる。

2. 花芯を花びら4枚で包み込む。クリーム②を口金の口の広いほうを下にして持ち、花芯上部の奥から手前へ、花芯に巻きつけるように絞る。

3. 2枚目以降は、常に直前の花びらの半分の位置を起点にする。2と同様に3枚絞ったら、蕾のでき上がり。

4. 蕾を花びら4枚で囲う。奥から手前へ弧を描くように手首を返して絞る。

外側にいくにつれて、少し浮かせて絞ると、立体的に仕上がる。

6. 2周目は花びら5枚で囲う。口金を垂直に当て、花びらを立たせるように、奥から手前へ半円を描くように絞る。

7. 外周は花びら7枚で囲う。口金を外側にやや傾けて当て、花びらを反らすように、奥から手前へ半円を描くように絞る。花が開いた感じを出す。

Decoration

POINT

デコレーションする前に冷凍庫へ！

バタークリームは、作業しているうちに、室温と手の熱でどんどんやわらかくなってしまいます。絞った花は、バットなどに並べて一度冷凍庫で冷やす（5～10分）と、形が崩れることなくケーキに飾りつけできます。

① ケーキの表面にバタークリーム（ホワイト）を塗る。

② ケーキの中心に少しバタークリームを絞り、フラワーリフター（P.67）でバラを飾る（P.16 POINT参照）。

③ 花とケーキの間にクリーム③で葉っぱを絞る（P.10バラA3参照）。

ラナンキュラス

幾重にも重なる美しい花びらを
ていねいに絞り込んで表現。
色合いも変化をつければ
本物そっくりに仕上がる。

Recipe ー P.13

| ラナンキュラス | 使用する口金とバタークリーム | 材 料 |

 ①#102（バラ口型）
グリーン

 ②#103（バラ口型）
ペールピンク

③#103（バラ口型）
コーラルレッド

 ④#349（リーフ口型）
モスグリーン

カップケーキ

バタークリーム

クリーム①を垂直に持ち、フラワー○イルの中心に花芯を絞る。押し戻し○ら絞り、上にスッと引き上げる。

2. 花芯を花びら4枚で囲む。口金の口の広いほうを下にして持ち、花びらを立たせるように、半円を描くように絞る。

3. 2枚目以降は、常に手前の花びらの半分の位置を起点にする。2と同様に絞ったら、蕾のでき上がり。

4. クリーム②で、**2**、**3**と同様に、蕾を囲うように4枚絞る。口金を倒すように絞り終わるのがポイント。

もう1周、**4**と同様に、4枚絞る。

6. クリーム③で、**2**～**4**と同様に、1周4～6枚を目安にフラワーネイルの縁近くまで繰り返し絞る。

7. 外側にいくにつれて、少し浮かせて絞ると、立体的に仕上がる。

8. 外周は、口金を外側にやや傾けて当て、花びらを反らすように、奥から手前へ半円を描くように絞る。花が開いた感じを出す。

Decoration

① ケーキの表面にバタークリーム（ホワイト）を塗る。

② ケーキの中心に少しバタークリームを絞り、フラワーリフターでラナンキュラスを飾る（P.16 POINT参照）。

③ 花とカップケーキの間にクリーム④で葉っぱを絞る（P.10バラA**3**参照）。

アネモネとライラック

大きな花びらが特徴のアネモネと
小さなフォルムのライラックは
ともに春に咲く花。
アネモネのすき間にライラックを飾って
華やかなカップケーキに。

Recipe — P.16

カーネーション

エレガントと可憐さがある
フリルのような
花びらが魅力。
感謝を込めて
母の日に贈りたい。

Recipe ─ P.17

アネモネ / ライラック

アネモネ

ライラック

使用する口金とバタークリーム

 ①#104（バラ口型）ホワイト

 ②コルネ ブラック

③#81（リーフ口型）スモーキーパープル

 ④コルネ ホワイト

 ⑤#349（リーフ口型）イエローグリーン

材料

カップケーキ
バタークリーム

アネモネ

1. クリーム①を口金の口の広いほうを中心に当て、円を描き、等間隔で4カ所に絞り、印をつける（P.75平面的な花「アネモネ」**1**、**2**参照）。

2. 1の印を中心に、4枚の花びらを絞る（P.75平面的な花「アネモネ」**3**～**5**参照）。

3. 4カ所印をつけ、4枚の花びらを絞り2段の花にする。上下の花びらを互い違いに見せる（P.75平面的な花「アネモネ」**6**、**7**参照）。

4. クリーム②で、中心に大きめのドットを絞り、その周りをドットで囲む。

ライラック

1. クリーム③を口金のへこんでいるほうを手前にして、垂直に持つ。軽く押し戻しながら絞り、スッと上に引っぱる。

2. 1と同様に四方に絞り、4枚1組として、ケーキの表面が見えなくなるまで、繰り返し絞る。

3. クリーム④で、それぞれの花の中心にドットを絞る。

Decoration

① ケーキの手前に少しバタークリームを絞り、フラワーリフターでアネモネを飾る。

② ケーキの空いたところに、直接ライラックを絞る。

③ 花とケーキの間に、クリーム⑤で葉っぱを絞る（P.10バラA**3**参照）。

POINT

フラワーリフターで簡単に飾り付け

絞った花をケーキに移動する際に活躍するのがフラワーリフター。形を崩すことなく、ケーキにデコレーションできます。使い方も簡単。フラワーネイルで作った花のお尻部分に、フラワーリフターを平行に入れて、軽く持ち上げるだけで移動できます。パレットナイフでも代用可。

◆ カーネーション ◆

◆ 使用する口金とバタークリーム ◆

①口金なし
（絞り出し袋の先端を真っすぐに切る）
アプリコットオレンジ

②#68（リーフ口型）
アプリコットオレンジ

③#352（リーフ口型）
イエローグリーン

④#2（丸口型）
ホワイト

◆ 材 料 ◆

カップケーキ

バタークリーム

クリーム①を垂直に持ち、フラワーネイルの中心に花芯を絞る。押し戻しながら絞り、上にスッと引き上げる。

2. クリーム②で、頂点からやや斜め下に向かって、らせん状に絞る。このとき口金を立てて、左右に小さく動かし、フリルを作りながら絞る。

3. 1枚目の絞り終わりの真上あたりから、2枚目を**2**と同様に絞る。

4. 2枚目の絞り終わりの真上あたりから、3枚目を**2**と同様に絞り、内側の花はでき上がり。

外周は、花びらと花びらの間から絞りはじめる。

6. 奥から手前へ半円を描くように絞る。このとき**2**よりも、ゆっくり、大きめに左右に動かしながら絞る。

7. 2枚目以降は、前の花びらと少しずつ重なるように絞る。3〜4枚絞り、全体の形を整えれば完成。

Decoration

① ケーキの中心3カ所にバタークリームを絞り、フラワーリフターでカーネーションを外側に向けて飾る（P.16 POINT参照）。

② 花と花の間にできた4カ所の隙間に、クリーム③で葉っぱを放射状に3枚ずつ絞る（P.10バラA**3**参照）。

③ 葉っぱの中心に、クリーム④で大きめのドットを3つずつ絞り、蕾を作る。

パンジー

ちょこんとたたずむ
小さくてカラフルなパンジーは
たくさん並べて華やかに。
花びらの色も自由に変えて
自分だけの花束を作って。

Recipe — P.20

フリージア

いい香りがしてきそうな
満開のフリージアは
ケーキ一面に敷き詰めて
ボリューミーな雰囲気。
アクセントの葉も忘れずに。

Recipe — P.21

| パンジー | 使用する口金とバタークリーム | 材料 |

①#102（バラ口型）
ホワイト

④#349（リーフ口金）
イエローグリーン

②#102（バラ口型）
ロイヤルブルー

③コルネ
イエロー

カップケーキ

バタークリーム

ジェル状の食用色

ヴァイオレット
（Willton社／
アイシングカラー）

1. クリーム①を口金の口の広いほうを下にし、フラワーネイルの中心に45度くらい傾けて、花びらを2枚絞る（P.74 5枚花 **1**〜**3**参照）。

2. クリーム②で、**1**と同様に3枚絞る。1段目が完成。

3. クリーム①で、**1**の上に一回り小さな花びらを**1**と同様に2枚絞る。このとき口金を60度くらいまでこし、花びらをやや立てるように絞る。

4. クリーム③で、中心にドットを絞る。

5. 花びらの上に、つまようじでジェル状の食用色素をすくい、放射状に筋を直接描けば完成。

6. 花びらを3色でカラフルに仕上げても、同色でまとめてもOK。

Decoration

① ケーキの表面にバタークリーム（ホワイト）を塗る。

② ケーキの外側に少しバタークリームを絞り、フラワーリフターでパンジーを飾る（P.16 POINT参照）。を少し重ねながら、リースのように飾る。

③ 花と花の間に、クリーム④で葉を絞る（P.10バラA**3**参照）。

フリージア

使用する口金とバタークリーム

 ①#104(バラ口型)
　　　レモンイエロー

 ②コルネ
　　　レモンイエロー

 ③#349(リーフ口金)
　　　イエローグリーン

材料

カップケーキ

バタークリーム

クリーム②でフラワーネイルの中心に、丸みのあるぽってりとした花芯を絞る。

2. 花芯を花びら3枚で囲む。クリーム①を口金の口の広いほうを下にして持ち、絞りはじめる。

3. 花びらを立たせるように、奥から手前へ半円を描くように絞る。

2枚目以降は、常に直前の花びらの半分の位置を起点にする。2、3と同様に2枚絞ったら、蕾のでき上がり。

5. 外周も同様に3枚絞る。外側と内側の花びらが互い違いに見えていればOK。

6. クリーム②で、中心にドットを3つ絞ったら完成。

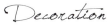

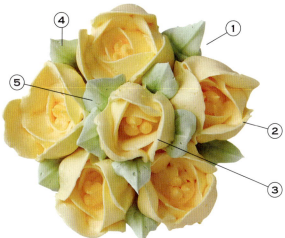

① ケーキの表面にバタークリーム(ホワイト)を塗る。

② ケーキの外周5カ所に、フラワーリフターでフリージアを飾る(P.16 POINT参照)。

③ 空いているケーキの中心に、バタークリームを高く絞り、フラワーリフターでフリージアを置く。

④ 外周の花と花の間に、クリーム③で葉っぱを絞る(P.10バラA3参照)。

⑤ 中心のフリージアを囲むように、クリーム③で葉っぱを5枚絞る。

21

チューリップとかすみ草

コロンとしたフォルムのチューリップと
小さな白い花のかすみ草で
とっても可愛らしいケーキに。
スプーンにもデコレーションすれば
おもてなしにぴったり。

Recipe — P.23

| ・ チューリップ ・ | ・ かすみ草 ・ | ・ 使用する口金とバタークリーム ・ | ・ 材 料 ・ |

①#103（バラ口型）
ペールピンク

②#234（モンブラン口型）
イエローグリーン

③コルネ
ホワイト

④#352（リーフ口型）
イエローグリーン

カップケーキ

バタークリーム

チューリップ

クリーム①を垂直に持ち、フラワー
ルの中心に花芯を絞る。押し戻し
ら絞り、上にスッと引き上げる。

2. 口金を垂直に当て、下から上へ引っぱるように絞る。同様に花びら6〜8枚を重ねながら絞り、花芯を囲えば、蕾のでき上がり。

3. 蕾を花びら4枚で囲う。口金を垂直に当て、「U」の字をさかさまに書くように絞る。クリームとクリームがくっつくように近づけて真っすぐ絞る。

4. 外周は、手前から半円を描くように、4枚絞る。花びらは半分ほど重ねながら絞る。

かすみ草

クリーム②を垂直に持ち、花と花の
カ所に絞る。スッと上に引っぱるよ
に軽く絞る。

2. 1の先端すべてに、クリーム③でドットを絞る。

3. 花を囲うように、クリーム④で葉っぱを絞る。

Decoration

① ケーキの中心に3カ所、少しバタークリームを絞り、フラワーリフターでチューリップを飾る（P.16 POINT参照）。

② ケーキの空いたところに、直接かすみ草を絞る。

③ 花とカップケーキの間にもクリーム④で葉っぱを絞る（P.10バラA 3参照）。

ダリア

すき間なく詰まった花姿が
存在感を放つダリア。
ブルー系だけでなく
ピンクやオレンジなど
好きな色で挑戦してみて。

Recipe ー P.25

ダリア

使用する口金とバタークリーム

 ①口金なし
（絞り出し袋の先端を真っすぐに切る）
スカイブルー

②#59（ペタル口型）
スカイブルー

③コルネ
ホワイト

 ④#349
グリーン

材料

カップケーキ

バタークリーム

クリーム①を垂直に持ち、フラワーの中心に花芯を絞る。押し戻しながら絞り、上にスッと引き上げる。

2. クリーム②を口金のへこんでいるほうを手前にして持つ。45度くらい傾けながら、小さな半円を描くように、細長く絞る。

3. 2枚目以降は、常に直前の花の下から絞りはじめる。なるべく同じ大きさの花びらになるよう心がけ、花芯を囲むように絞れば、1段目の完成。

4. 2段目からは、傾斜の緩いらせん階段を作るイメージで、2、3と同様に絞る。このとき、花びらは1段目よりも少し短くする。

3段目も2〜4と同様に絞る。上につれて、花びらを立たせると、立体的に仕上がる。

6. 花芯の先端以外が隠れるまで、花びらを繰り返し絞る。

7. クリーム③で、中心にドットを絞る。

Decoration

① ケーキの外周4カ所に、バタークリームを少しずつ絞り、フラワーリフターでダリアを飾る（P.16 POINT参照）。

② 空いているケーキの中心に、バタークリームを高く絞り、フラワーリフターでダリアを置く。

③ 花と花の間に、クリーム④で葉っぱを絞る（P.10バラA3参照）。

菊

高貴の象徴として愛される菊は
細い花びらと丸い形が特徴。
和菓子のような繊細さが
和風のカップケーキとして
年配の方にも喜ばれそう。

Recipe － P.28

椿

思わず見とれるほどの
赤と白のコントラスト。
人の心を魅了する椿は
千両と合わせて
とことん「和」を表現。

Recipe － P.29

菊	使用する口金とバタークリーム	材 料
	①#81（リーフ口型） レモンイエロー ②#352（リーフ口型） グリーン	カップケーキ バタークリーム

1. クリーム①を垂直に持ち、フラワーネイルの中心に花芯を絞る。押し戻しながらクリームを広げて、丸みのある、ぽってりとした形に整える。

2. 口金のへこんでいるほうを手前にして持つ。花芯に口金を45度くらい傾けて当てて絞り、そのまま上に引っぱる。

3. なるべく同じ大きさの花びらになるよう心がけ、花芯を囲むように、1周絞る。

4. 3の内側に2周目を2と同様に絞る。上下の花びらが互い違いに見えていればOK。

5. 4の内側に3周目を絞る。口金を60度くらいまで起こし、花びらがやや立つように絞る。中心に近づくまで繰り返す。

6. 中心は、口金を垂直に当て、花びらが真っすぐ立つように絞る。

Decoration

① ケーキの内側3カ所にバタークリームを絞り、フラワーリフターで菊を外側に向けて飾る（P.16 POINT参照）。

② 花と花の間に、クリーム②で葉っぱを絞る（P.10バラA 3参照）。

| 椿 | 使用する口金とバタークリーム | 材料 |

使用する口金とバタークリーム

① 口金なし
（絞り出し袋の先端を真っすぐに切る）
ホワイト

② #104（バラ口型）
ディープレッド

③ コルネ
イエロー

④ #68（リーフ口型）
グリーン

⑤ #2（丸口型）
ディープレッド

⑥ コルネ
ブラウン

材料

カップケーキ

バタークリーム

1. クリーム①を垂直に持ち、フラワーネイルの中心に花芯を絞る。押し戻しながら絞り、上にスッと引き上げる。

2. 花芯を花びら3枚で囲う。クリーム②を口金の口の広いほうを下にして持ち、花びらを立たせるように、奥から手前へ半円を描くように絞る。

3. 2枚目からは、直前の花びらと少し重ねて絞りはじめる。蕾のでき上がり。

2、3と同様に、蕾を花びら4枚で囲う。口金をや外側に傾けて絞る。
小さい椿は4で花びらが完成（→6へ）。

5. 外周はさらに口金を外側に傾け、2、3と同様に3枚絞る。

6. クリーム③で、中心にドットをたくさん絞る。

Decoration

① ケーキの表面にバタークリーム（ホワイト）を塗る。

② ケーキの奥側に少しバタークリームを絞り、フラワーリフターで椿を飾る（P.16 POINT参照）。

③ ケーキの表面を覆うように、クリーム④で千両の葉っぱを大きめに絞る（P.10バラA3参照）。

④ 葉っぱの上に千両の実を絞る。クリーム⑤でドットを絞り、その中心にクリーム⑥でツノを描き（写真右）、立体的に仕上げる。

ピオニー

ふんわりとした雰囲気と
無数に開く花びらが
とっても優雅。
女性に喜ばれる一品。

Recipe ー P.31

ピオニー A	ピオニー B	使用する口金とバタークリーム	材 料

 ①#60
（ペタル口型）
スモーキーピンク

 ④#352
（リーフ型）
イエローグリーン

カップケーキ

バタークリーム

②#61
（ペタル口型）
スモーキーピンク

 ⑤#2（丸口型）
ピンクと
ホワイトのグラデーション

 ③コルネ
レモンイエロー

ピオニー A

クリーム①を垂直に持ち、フラワーネイルの中心に花芯を小さく絞る。そのあとに、口金のへこんでいるほうを手前にし、下から上へ引っぱるように絞る。

2. 2枚目以降は、常に直前の花びらと少し重ねて絞りはじめる。6〜7枚で花芯を包み込めば蕾の完成。

3. 蕾を花びら3枚で囲む。口金を内側に倒すように当て、逆から「M」を描くように、左から右に絞っていく。

4. 2周目、3周目も3と同様に3枚ずつ絞れば完成。

ピオニー B

ピオニーAの1、2と同様に、クリーム②で蕾を絞る。

2. 1と同様の絞り方で、蕾の周りを3周、繰り返し絞る。

3. 4周目以降は、徐々に花びらが開くように、外側へ角度をつけて絞っていく。バランスを見ながら仕上げる。

4. フラワーネイルの縁近くまで絞ったら、クリーム③で、中央にドットをたくさん絞る。

Decoration

① ケーキの奥側に少しバタークリームを絞り、フラワーリフターでピオニーBを飾る（P.16 POINT参照）。

② 手前に、フラワーリフターでピオニーAを2つ絞る。

③ 花と花の間にできた4カ所のすき間に、クリーム④で葉っぱを放射状に3枚ずつ絞る（P.10バラ3参照）。

④ 葉っぱの中心に、クリーム⑤でドットを3つずつ絞る。

スカピオザ

高原に咲くスカピオザは
フリルレースのようなユニークな花びらが特徴。
あえて不揃いに花びらを絞って
自然な風合いに仕上げて。

Recipe − P.33

◆ スカピオザ ◆	◆ 使用する口金とバタークリーム ◆	◆ 材 料 ◆
	①#59（ペタル口型）ピンク ②#3（丸口型）モスグリーン	カップケーキ バタークリーム

クリーム①を口金がへこんでいるほうを上にし持ち、ケーキのやや内側を1周絞る。

2.口金がへこんでいるほうを手前にし、ハートを描く要領で花びらを絞る。

3.ときどき絞り方に変化をつけながら、2と同様に花びらを1周絞る。

3の内側に、2周目を2と同様に絞る。やや立せるよう角度で絞る。

5.空いている中央部分の外周を絞る。口金を垂直に当て、下から上へ引っぱるように短く絞る。

6.クリーム②で、中心に軽く絞ってから、大きめのドットを絞って埋めていく。

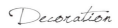

Decoration

［ ホワイト ］

 ①#59（ペタル口型）ホワイト

②#3（丸口型）モスグリーン

［ ロイヤルブルー ］

 ①#59（ペタル口型）ロイヤルブルー

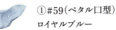 ②#3（丸口型）モスグリーン

［ スカイブルー ］

 ①#59（ペタル口型）スカイブルー

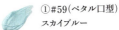 ②#3（丸口型）モスグリーン

 ③#59（ペタル口型）ホワイト

※スカイブルーのみ、5のときに③を使用する。

ポインセチアと
プリンセチア

こっくりとした深い赤や淡いピンク色、
白などが美しいポインセチア。
丸い花びらのプリンセチアと
セットで贈って。

Recipe － P.35

◆ ポインセチア ◆	◆ プリンセチア ◆	◆ 使用する口金とバタークリーム ◆	◆ 材 料 ◆
		①#352 （リーフ口型） ディープレッド　　④#103 （バラ口型） コーラルピンク ②コルネ グリーン　　⑤#352 （リーフ口型） グリーン ③コルネ イエロー	カップケーキ バタークリーム

ポインセチア

クリーム①を垂直に持ち、フラワーネイルの中心に花芯を絞る。花芯から放射状に花びらを5枚絞る。クリーム①を平行に持ち替え、真横に引っぱるように絞る。

2. 2段目も1と同様に、5枚絞る。上下の花びらが互い違いに見えていればOK。

3. 3段目は、手首を起こして、やや斜めに引っぱり、花びらは小さめに絞る。2段目と互い違いに見えるよう絞る。

4. クリーム②とクリーム③で、中央に小さなドットを絞る。

プリンセチア

クリーム④を口金の口の広いほうを中心に当て、円を描く。等間隔で5カ所に絞り、印をつける（P.75平面的な花「アネモネ」1、2参照）。

2. 印を中心に、5枚の花びらを絞る（P.75平面的な花「アネモネ」3～5参照）。

3. 5カ所印をつけ、5枚の花びらを絞り2段の花にする。上下の花びらを互い違いに見せる（P.75平面的な花「アネモネ」6、7参照）。

4. クリーム③で、中心にドットを6つ絞る。

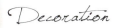

Decoration

① ケーキの中心に3カ所、少しバタークリームを絞り、フラワーリフターでポインセチア、プリンセチアを飾る（P.16 POINT参照）。

② 花と花の間に、クリーム⑤で葉っぱを絞る（P.10バラA3参照）。

Column 01

本書に登場する花

本書には、季節折々の花や葉がたくさん登場します。ここではその花々の特徴や花言葉について紹介。作りたい花を選ぶときの参考にしてみて。

Rose
バラ

クレオパトラに愛された花。色や形によって花言葉が異なる。

花言葉
(赤)情熱、(白)純潔、(黄)献身、(ピンク)愛らしい、(青)奇跡など

Ranunculus
ラナンキュラス

ハッとするような色と幾重にもなった花びらが特徴の花。

花言葉
魅力的、晴れやかな魅力、美しい人格、名声、名誉など

Anemone
アネモネ

ギリシャ神話では、女神アフロディーテの涙から生まれたといわれる。

花言葉
はかない恋、恋の苦しみ、薄れゆく希望など

Pansy
パンジー

白いスミレだった花が、天使のキスでパンジーになったという伝説がある。

花言葉
もの思い、私を思ってなど (紫)思慮深い、(黄)つつましい幸せ

Freesia
フリージア

冬の終わりから春にかけて咲く花。色ごとに違う香りを放つ。

花言葉
純潔、親愛の情など (白)あどけなさ、(黄)無邪気

Tulip
チューリップ

原種だけでも100種類を超える花で、色も形もさまざま。

花言葉
(赤)恋の告白、(ピンク)愛の芽生え、(紫)永遠の愛、(白)新しい恋など

Dahlia
ダリア

フランス革命のときに流行した花で、労いの言葉「感謝」として広まった。

花言葉
華麗、優雅、威厳、移り気、不安定、感謝など

Camellia
椿

平安時代から化粧品として親しまれている、日本人の馴染み深い花。

花言葉
(赤)気どらない優美、(白)完全な愛らしさ、(ピンク)控えめな美、愛など

Peony
ピオニー

和名は芍薬。「立てば芍薬、座れば牡丹、歩く姿は百合の花」という言葉が有名。

花言葉
恥じらい、はにかみ、謙遜など

Scabiosa
スカビオザ

西洋では、青いスカビオザは未亡人に送る花とされている。

花言葉
不幸な愛、私はすべてを失ったなど

Hydrangea
あじさい

土壌の酸性度によって色が変化し、酸性が強いと青、アルカリ性が強いとピンクになる。

花言葉
元気な女性、一家団欒、辛抱強い愛情、移り気、高慢・無情など

Phalaenopsis orchid
胡蝶蘭

日本では蝶が舞っているような花姿から名付けられ、お祝いの花の代表。

花言葉
幸運が飛んでくる、純粋な愛など (白)清純、(ピンク)あなたを愛しています

Chapter.2
多肉植物カップケーキ

思わずインテリアにしたくなる、
多肉植物とサボテンの寄せ植え。
カカオニブやケーキクラムを使えば、
本物そっくりに仕上がる。

多肉植物の寄せ植え

エケベリアやセダム、
ハオルシアなどの
多肉植物を寄せ植えに。
本物そっくりな外見に
歓声があがるはず。

Recipe — P.40-41

エケベリア	セダム	使用する口金とバタークリーム	材料

①#102（バラ口型）モスグリーン
②#349（リーフ口型）スモーキーピンク＆モスグリーン
③#29（星口型）ディープレッド
④#29（星口型）グリーン

材料
カップケーキ
バタークリーム
カカオニブ

エケベリア

1. クリーム①を垂直に持ち、フラワーネイルの中心にラウンド状の芯を絞る。口金の口の狭いほうを下（広いほうが上）にして持ち替える。

2. 3枚の葉っぱで芯を包み込む。奥から手前へ弧を描くように絞る。

3. 1周5枚で囲う。2周絞る。口金を垂直に当て、葉っぱを立たせるように、奥から手前へ半円を描くように絞る。外側にいくにつれて、少し浮かせて絞ると、立体的に仕上がる。

セダム

1. クリーム②を持ち、口金を斜めに当て、軽く押し戻しながら絞り、力を抜いて後ろにスッと引く。

2. 放射状になるように、5枚で1周絞る。内側にも同様に3枚絞る。内側は葉っぱを立たせるように、角度を変えて絞ると立体的に仕上がる。

POINT

ツートンクリームの作り方

1色ずつ絞り出し袋にそれぞれ入れて、先端を切っておきます。次に、絞り口金をつけた絞り出し袋に、2色を上下に入れます（写真上）。絞り出し袋の中で、2色同時に、力を入れて一気に絞り切ります（写真下）。絞りはじめは、うまく2色出ない場合があります。試し絞りをしてから、ケーキに絞りましょう。

Decoration

① ケーキの表面にバタークリームを塗り、カカオニブを表面にまぶす（P.41 Decoration①参照）。

② ケーキのやや奥に少しバタークリームを絞り、フラワーリフターでエケベリアを飾る（P.16 POINT参照）。

③ ケーキの手前にセダムを絞る。

④ 空いているところに、クリーム③でミニ多肉植物を、クリーム④で花をバランスよく絞る。

ハオルシア	ミニサボテン	使用する口金とバタークリーム	材 料
		①#102 (バラ口型) モスグリーン ②#29 (星口型) グリーン ③コルネ ホワイト ④#349 (リーフ口型) ブラウン& モスグリーン ⑤#29 (星口型) ディープレッド	カップケーキ バタークリーム カカオニブ

ハオルシア

1. クリーム①を垂直に持ち、フラワーリフターの中心にラウンド状の芯を絞る。口金の口の広いほうを下にし、45度くらい傾けて葉っぱを絞る（P.74 5枚花1〜3参照）。

2. 2枚目以降は、直前の葉っぱの下から絞りはじめ、1と同様に絞る。傾斜の緩いらせん階段を作るイメージで、徐々に、葉っぱを立てるように絞っていく。

3. 1段目の最後の花びらは、2段目の1枚目になる。最初の葉と少し重なるように絞る。上下の葉っぱが互い違いに見えるように絞る。

4. 芯の先端が隠れるまで、葉っぱを繰り返し絞る。上にいくにつれて、角度を変え、中心は垂直に絞る。

ミニサボテン

1. クリーム②を垂直に持って絞り、真下に引っぱるようにクリームを切る。

2. 長さや向きを変えながら、1と同様に5カ所絞る。

3. クリーム③で、それぞれの先端にドットを絞る。

Decoration

① ケーキの表面にバタークリームを塗り（写真左）、カカオニブを表面にまぶす（写真右）。

② ケーキのやや奥側2カ所に少しバタークリームを絞り、フラワーリフターでハオルシアを飾る（P.16 POINT参照）。

③ ハオルシアの近くにミニサボテンを絞る。

④ 空いているところに、クリーム④でセダム（P.40参照）、クリーム⑤で花をバランスよく絞る。

サボテンの寄せ植え

一面緑のサボテンは
ワンポイントの色で愛らしさをプラス。
花やトゲを加えて
好みのアレンジを楽しんで。

Recipe — サボテンA P.44
　　　　　サボテンB P.45

サボテン A

使用する口金とバタークリーム

①#29（星口型）
グリーン

②#29（星口型）
ディープレッド

材料

カップケーキ
バタークリーム
余ったスポンジケーキ
ジャム

1. 余ったスポンジケーキを手で細かく砕いて、ケーキクラムを作る。

2. カップケーキの表面にバタークリームを塗り、そのままケーキクラムに押し当てて、粉砕したスポンジケーキを付着させる。

3. 表面を軽くポンポンとたたき、よけいなスポンジケーキを落として整える。

4. 残ったスポンジケーキにジャムを適宜加えて、ペースト状になるまでよくまぜる。

5. 絞り出し袋に入れて、先端を真っすぐに切る。

6. 垂直に持ち、フラワーネイルの中央に、土台を絞る。押し戻しながら絞り、上にスッと引き上げる。

7. フラワーリフトを持ち、カップケーキの中央に置く。

8. 中心からつまようじを真っすぐ刺して、土台をケーキに固定する。

9. クリーム①を土台に少し絞り、ヘラで全体にのばす（P.45 2参照）。土台が覆えたら、下から頂点に向かって絞る。

10. すき間を開けないように、ぴったり並べて1周絞っていく。絞り終わったら8のつまようじを抜く。

11. クリーム②で、頂点を囲むように、上部に花を1周絞っていく。

サボテン B	使用する口金とバタークリーム	材料
	①#349 (リーフ口型) グリーン ③#29 (星口型) ディープレッド ②コルネ ホワイト ④#3 (丸口型) イエローグリーン	カップケーキ バタークリーム 余ったスポンジケーキ ジャム

ペースト状の土台を作り、ケーキの奥に置く（P.44 **4〜7**参照）。土台中心からつまようじを真っすぐ刺し土台をケーキに固定する。

2. クリーム①を土台に少し絞り、ヘラで全体にのばし、土台を覆う。

3. 口金を寝かせるように持ち、下から頂点に向かって絞る。

4. すき間を開けないように、ぴったり並べて1周絞っていく。絞り終わったら**1**のつまようじを抜く。

クリーム②で、絞った線上にドットる。1ライン空けて、同様に絞る。を1周繰り返す。

6. クリーム③で、頂点に花を絞る。

7. ケーキの正面を決めて、空いているところに、クリーム④で、ラウンド状の芯を絞る。

8. 包み込むように、ドットをたくさん絞っていく。

Decoration

① ケーキの表面にバタークリームを塗り、ケーキクラムを表面にまぶす（P.44 **1〜3**参照）。

② ケーキのやや奥側に背の高いサボテンを作る。

③ ケーキの手前に背の低いサボテンを4〜5つ作る。

④ 空いているところにクリーム③で花を絞る。

Column

02

ラッピングして贈る

でき上がったフラワーケーキを大切な人へ贈りたい……。
そんなときは特別なラッピングで、込めた思いを伝えて。

ボックス ×

"開けてからのお楽しみ"は
サプライズの基本

ケーキが入るボックスを用意して、ボックスの下に紙パッキンを敷き詰めます。ケーキが動いてしまわないよう、しっかり紙パッキンを詰めるのがポイント。最後はボックスをリボンで結んでおめかし。

透明カップ ×

中身が透けて見えるカップなら
ラッピングもプレゼントの一部に

透明のカップを用意して、カップの下に紙パッキンを敷き詰めます。ボックス同様、最後はリボンを結びます。リボンにメッセージカードを通したりすれば、ひと味違ったラッピングに。

ビン ×

特別感を演出したいなら
洗って使えるビンをチョイス

ちょうどいいサイズのビンを用意して、フタにケーキを乗せます。その上から本体をかぶせるようにしてフタをしめ、リボンで飾ればでき上がり。ボトリウムのような雰囲気を演出できます。

Chapter.3
季節のフラワーケーキ

特別な日を彩るホールケーキは
たくさんの花で飾って。
季節に合わせたデコレーションや
贈る人の好きな花を添えて
今日の気持ちを伝えたい。

― Spring ―

イングリッシュローズ

イングリッシュローズ特有の
繊細に重なり合う花びら。
小さな蕾を添えれば
春の息吹を感じるケーキに。

Recipe ― P.49

イングリッシュローズ

使用する口金とバタークリーム

 ①#104（バラ口型）
ピンク

 ②#104（バラ口型）
ペールピンク

 ③#349（リーフ口型）
イエローグリーン

材料

ホールケーキ
（直径15cmの丸型）

余ったケーキ
（直径10cm×高さ1cm）

バタークリーム

クリーム①を垂直に持ち、フラワーネイルの中心に芯を短く絞る。押し戻しながら絞り、上にスッと引き上げる。

2. 口金の口の広いほうを下にし、「×」の形を縁どるようなイメージで、花びらを立たせながら一気に絞り出していく。

3. 2と同様に、4周絞る。

クリーム②を口金の口の広いほうを下にして持つ。覆うように、手前から半円を描くように絞る。

5. 2枚目以降は、直前の花びらと少し重なるように絞りはじめる。4と同様に1周6〜8枚で2周絞る。丸みのある形に整えば完成。

Decoration

使用する花

- イングリッシュローズ
  …2つ
- バラ
  …大小さまざまで色違いのもの多数
  （→P.10・11・75参照）
- かすみ草
  …多数（→P.23参照）

① 余ったケーキを中央にのせて、ケーキに高さを出したらクリーム（ホワイト）でナッペする。

② ケーキの正面を決めて、イングリッシュローズを飾る。この大きさのものは、あえて中央を避けたほうが存在感も出て、全体のバランスをとりやすい。

③ バラを大きいものから飾っていく。中心から外に向かって咲いているように、バラの向きを調整する。中心は高低差を意識して飾る。

④ 花と花の間にできたすき間に、かすみ草を絞る。

⑤ 外周のすき間に、クリーム③で葉っぱを絞る（P.10バラA3参照）。コルネにバタークリーム（ホワイト）を入れて蕾を絞る。

— *Spring* —

ブルースターと
クリスマスローズ

5枚の花びらが
青い星のように見えることから
名付けられた花。
森の中の花畑を連想させるデザインで
華やかな春を演出して。

Recipe — P.51

| ◆ ブルースター ◆ | ◆ クリスマスローズ ◆ | ◆ 使用する口金とバタークリーム ◆ | ◆ 材 料 ◆ |

①#101（バラ口型）
スカイブルー

②#104（バラ口型）
ホワイト

③コルネ
レモンイエロー

ホールケーキ
（直径15cmの丸型）

バタークリーム

ブルースター

1. クリーム①の口金の口の広いほうを○○に当て、円を描く、等間隔で5カ所に印をつける（P.74 5枚花1、2参照）。

2. 口金を45度くらい傾け、1の印を中心に、逆ドロップ型を描くように上下に動かして、花びらを絞る。フラワーネイルを口金が進む方向と逆にゆっくり回すと絞りやすい。

3. 2枚目以降は、直前の絞り終わりのすぐ下から絞りはじめ、花びらを少し立たせるように絞る。

4. 合計5枚絞れば完成。1の土台を作らなくても可（写真右）。やや小さめに仕上がるので、皿のデコレーションなどにおすすめ。

クリスマスローズ

1. クリーム②を垂直に持ち、フラワーネイルの中心に花芯を短く絞る。口金の広いほうを下にし、花びらを立たせるように、奥から手前へ山を2つ描くように絞る。

2. 2枚目以降は、常に直前の花びらの半分の位置を起点にする。1と同様に2枚絞ったら、蕾のでき上がり。同様にもう1周4枚絞る。

3. 外周は口金をやや外側に傾け、1、2と同様に3枚絞る。内側の花びらよりも、大きい山を2つ描くように絞る。

4. クリーム③で、中央にドットをたくさん絞る。

Decoration

使用する花

● ブルースター
　…多数

● クリスマスローズ
　…1つ

● チューリップ
　…色違い6つ（P.23参照）

● ピオニー
　…大小1つずつ（P.31参照）

● かすみ草
　…多数

① ケーキをバタークリーム（ホワイト）でナッペする。ケーキの正面と外周の余白部分を決めて、クリーム③などで目安となる円を描く。

② ピオニー、クリスマスローズ、チューリップをブーケのように、中心から外に向かって飾る。

③ 花と花の間にできるすき間にかすみ草を絞っていく。皿にもケーキを囲うように1周ビッチリと絞っていく。

④ ブルースターをランダムに散らして、動きのある華やかなケーキに仕上げる。

— *Summer* —

あじさい

静かな雨音が聞こえてきそうな
上品なフラワーケーキ。
色とりどりのあじさいと
白いラナンキュラスなら
しっとりとした大人な印象に。

Recipe — P.53

あじさい

使用する口金とバタークリーム

 ①#102（バラ口型）
パープル

 ②コルネ
ホワイト

 ③#352（リーフ口金）
イエローグリーン

材料

ホールケーキ
（直径15cmの丸型）

バタークリーム

1. クリーム①を少し絞り、平らな土台を作る。口金口の広いほうを中心に当てて、そのまま横に引っるように絞る。

2. 風車のイメージで、同様に3枚絞っていく。4枚1組で花の完成。

3. 2を中心に、バランスを見ながら花を4〜5つ絞る。1、2と同様に絞り、花同士が重なる場合は、やや絞る角度を上げて花びらを立たせる。

4. 1段目ができたら、2段目。上下の花が互い違いに見えることを意識し、1段目の花びらに土台をる。

5. 1、2と同様に花びらを絞る。中央が高くなるように、花を3〜4つ絞っていく。

6. クリーム②で、花の中心に、ドットをそれぞれ絞る。

Decoration

使用する花

- あじさい…色違い4つ
- ラナンキュラス
  …花3つ・蕾5つ
  （→P.13参照）

① ケーキをバタークリーム（ホワイト）でナッペし、ケーキの正面を決め、半径の半分くらいの位置にクリーム②で円を描く。

② 円に沿って、あじさいの位置を決める。円の内側寄りなら花を内向きに、外側寄りなら花を外向きに飾る。

③ 同様にラナンキュラスの花を飾る。あじさいと高低差をつけて飾ると立体的になる。

④ 空きの気になるところにラナンキュラスの蕾を散りばめる。中央は空けておく。

⑤ 花と花の間にできたすき間に、クリーム③で葉っぱを絞っていく（P.10バラA3参照）。

― Summer ―

プルメリア

ハワイではレイにも使用される
熱帯花木の代名詞であるプルメリア。
スカイブルーの土台と
ピンクとイエローの花で
とびきり鮮やかな夏を表現。

◆ プルメリア ◆	◆ 使用する口金とバタークリーム ◆	◆ 材料 ◆
	①#104（バラ口型）ホワイト×レモンイエロー ⇒1参照 ②#349（リーフ口金）グリーン	ホールケーキ（直径15cmの丸型）バタークリーム

1. グラデーションクリームを作る（P.73参照）。絞袋の5分の1くらいまで、レモンイエロークリーム入れ、その上にホワイトクリームを入れる。

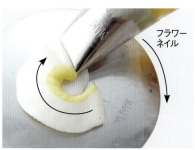

2. 口金の口の広いほうにレモンイエロークリームがくるように調整し、中心に当てる。寝かせるようにして持ち、1周絞って円を描く。

3. 垂直に持ち替えて、口金の口の広いほうが中心になるように、等間隔で5カ所に絞り、印をつける。

4. 口金を45度くらい傾け、印を中心に、逆ドロップ型を描くように上下に動かして、花びらを絞る。フラワーネイルを口金が進む方向と逆にゆっくり回すと絞りやすい。

5. 2枚目以降は、直前の絞り終わりのすぐ下から絞りはじめ、花びらを少し立たせるように絞る。

6. 5枚絞れば完成。ケーキのサイドに飾るほうは#103の口金で絞る（写真右）。

Decoration

使用する花

- プルメリア白 …大4つ・小2つ
- プルメリアピンク …大4つ・小1つ

① ケーキをバタークリーム（スカイブルー）でナッペし、ケーキの正面を決める。

② 大きいサイズのプルメリアを、白とピンクの交互に1周並べる。花と花は重なり合うようにして、リースのイメージに。

③ 小さいサイズのプルメリアは、バランスを見てサイドに並べる。

④ 花の周りにクリーム②で葉っぱを1～2枚ずつ絞る（P.10バラA3参照）。

― *Autumn* ―

コスモスとストック

ギリシャ語で「美しい」を意味する花。
日本では「秋桜」と書き、
秋の花の代名詞となっている。
土台にチョコレートをほどこして
シックな秋っぽさをプラスして。

Recipe ― P.57

◆ コスモス ◆	◆ ストック ◆	◆ 使用する口金とバタークリーム ◆	◆ 材 料 ◆
		①#102（バラ口型）コーラルレッド	ホールケーキ（直径15cmの丸型）
		②コルネ レモンイエロー	バタークリーム
		③#101（バラ口型）ホワイト	チョコレートクリーム

コスモス

1. クリーム①を寝かせるように持ち口金の口の広いほうを中心に当てて絞る。垂直に持ち替えて、等間隔8ヵ所に絞り、印をつける。

2. 1の印を中心に、逆ドロップ型を描くように上下に動かして、花びらを絞る。フラワーネイルを口金が進む方向と逆にゆっくり回すと絞りやすい。

3. 2枚目以降は、直前の絞り終わりのすぐ下から絞りはじめ、花びらを少し立たせるように絞る。合計8枚絞る。

4. クリーム②で、中心にドットをたくさん絞る。

ストック

1. クリーム③を寝かせるように持ち口金の口の広いほうを中心に当てて絞る。垂直に持ち替えて、等間隔5ヵ所に絞り、印をつける。

2. 1の印を中心に、それぞれ花びらを絞る（コスモス2、3参照）。

3. 2段目は、1段目と花びらが互い違いになるよう、同様に絞る。

4. 3段目は、口金を起こして、花びらを立てるように、4枚絞る。

Decoration

使用する花
- コスモス…色違い3つ
- ストック…多数
- ダリア…3つ（→P.25参照）

① ケーキをチョコレートクリームでナッペし、ケーキの正面を決めて、コルネなどで1本線を引く。

② ラインを目安にダリアとストックの位置を決める。このときシンメトリーにせず、盛り方などに変化をつけて配置するのがポイント。

③ 空きの気になるところに、コスモスを飾る。

④ ケーキのサイドに、等間隔でストックを飾る。

— *Autumn* —

トルコキキョウ

ハッとするような
色が印象的なトルコキキョウ。
彩度の低いシックな色味の
フリージアやライラックを添えて
上品なフラワーケーキに。

Recipe — P.59

◆ トルコキキョウ ◆

使用する口金とバタークリーム

①口金なし
（絞り出し袋の先端を真っすぐに切る）
ホワイト

②#104（バラ口型）
ロイヤルブルー

③コルネ
グリーン

④コルネ
レモンイエロー

⑤コルネ
イエローグリーン

⑥#352（リーフ口型）
イエローグリーン

⑦コルネ
ホワイト

材料

ホールケーキ
（直径15cmの角型）

バタークリーム

クリーム①を垂直に持ち、フラワーネイルの中心に花芯を絞る。押し戻しながら絞り、上にスッと引き上げる。

2. 花芯を花びら3枚で囲む。クリーム②を口金の口の広いほうを下にして持ち、花びらを立たせるように、奥から手前へ山を3つ描くように絞る。

3. 2枚目以降は、常に直前の花びらの半分の位置を起点にする。2と同様に2枚絞ったら、蕾のでき上がり。

4. 2、3と同様に、蕾を花びら3枚で囲む。山3つをやや大きく描くように絞る。

小サイズの花びらが完成（→**7、8**）。

6. 外周は口金をやや外側に傾け、2、3と同様に3枚絞る。山3つをさらに大きく描くように絞る。

7. クリーム③で、中央にドットをたくさん絞る。

8. クリーム④で、上にドットを絞っていく。

Decoration

使用する花

- トルコキキョウ
  …大小各2つ（2色）
- バラ…6つ（→P.75参照）
- フリージア…4つ（→P.21参照）
- ライラック…多数（→P.16参照）

① ケーキをバタークリーム（ホワイト）でナッペする。ケーキの正面を決め、やや外側の位置に、クリーム⑤で3本のツタを正方形に絞る。

② トルコキキョウを対角に飾る。このときシンメトリーにせず、大きさや色、数などで変化をつけるのがポイント。

③ 同様にバラを対角に飾る。ツタの外側に飾る場合は、花も外向きに置く。

④ トルコキキョウの周りで、空きの気になるところに、フリージアをちりばめる。

⑤ ツタの外側、もしくはライン状にライラックを絞る。

⑥ 花と花の間にできたすき間に、クリーム⑥で葉っぱを絞ったり（P.10バラA**3**参照）、クリーム⑦で蕾（ドット）を絞る。

― *Winter* ―
松ぼっくりとコットン

ノエル・ドゥーブルのような
雰囲気が冬を感じさせる
フラワーケーキ。
大きくしぼったコットンで
冬らしさを表現して。

Recipe ― P.61

◆ 松ぼっくり ◆	◆ コットン ◆	◆ 使用する口金とバタークリーム ◆	◆ 材 料 ◆

①#101（バラ口型）
ブラウン

②#8（孝義丸口型）
ホワイト

③#349（リーフ口型）
ブラウン

ホールケーキ
（直径15cmの丸型）

バタークリーム

コーヒークリーム

ぼっくり

クリーム①を垂直に持ち、フラワーネイルの中心に芯を大きめに絞る。押し戻しながら絞り、上にスッと引き上げる。口金の口の広いほうを下にし、手前から半円を描くように絞る。

2. 上から芯を包むように、2枚目以降は、直前の花びらの半分の位置を起点とし、重なるように絞る。1と同様に3枚絞ったら1段目が完成。

3. 2段目は少し下がって、1、2と同様に7枚で1周絞る。

4. 下まで繰り返し絞れば、でき上がり。

ットン

クリーム②を垂直に持って5つ絞る。口金の先をクルクル回して、押しつける。

2. クリーム③をすき間に差し込み、絞り出したら、垂直に持ち上げてクリームを切る。

3. 外側を絞ったら、内側も2と同様に絞る。

Decoration

使用する花

- 松ぼっくり…2つ
- コットン…2つ
- バラ…6つ（→P.75参照）
- プリンセチア…3つ（→P.35参照）
- あじさい（柊風）…多数（P.53参照）

① ケーキをコーヒークリームでナッペする。ケーキの正面を決めて、コルネなどで月をイメージした放物線を描く。

② 放物線にそって、松ぼっくりとコットンの位置を決める。内側寄りなら花を内向きに、外側寄りなら花を外向きに飾る。

③ 同様に、バラとあじさい（柊風）を空きの気になるところにバランスよく飾っていく。先端は細くなるように、中央は太く、高く盛るように心がける。

④ 花と花の間にできたすき間に、ポインセチアを飾る。

— *Winter* —

胡蝶蘭

大きな胡蝶蘭を添えて
縁起のよいフラワーケーキに。
赤・白・黄の鮮やかな色と
和風モダンのデザインが
美しく、めでたい雰囲気。

Recipe — P.63

胡蝶蘭

大きな葉っぱ

使用する口金とバタークリーム

 ①#104（バラ口型）
ホワイト

 ②#81（リーフ口金）
ホワイト

 ③コルネ
レモンイエロー

 ④#104（バラ口型）
グリーン

材料

ホールケーキ
（直径15cmの丸型）

バタークリーム

胡蝶蘭

クリーム①を寝かせるようにして持ち、口金の口の広いほうを中心に当て、絞って円を描く。垂直に持ち替え「Y」の字に3つ絞って印をつける。

2. 口金を45度くらい傾け、印を中心に、逆ドロップ型を描くように上下に動かして、花びらを絞る。フラワーネイルを口金が進む方向と逆にゆっくり回すと絞りやすい。3枚絞る。

3. 2段目は、上下の花びらが互い違いに見えるように2枚絞る。花びらの上に2カ所印をつけて**2**と同様に絞る。

4. 中央はクリーム②に持ち替え、口金のへこんでいるほうを手前にして、垂直に絞る。中心にクリーム③で楕円と正円を1つずつ絞ればでき上がり。

大きな葉っぱ

クリーム④を口金の口の広いほうにして持ち、中心にラインを引く。

2. ラインを軸に、下から上へ弧を描きながら絞り出す。

3. 反対側は、上から下に弧を描きながら絞り出す。

Decoration

使用する花

- 胡蝶蘭…1つ
- 椿…色違い大4つ・小3つ（→P.29参照）
- 菊…色違い5つ（→P.28参照）
- 大きな葉っぱ…8枚

① ケーキをバタークリーム（ホワイト）でナッペする。ケーキの正面を決めて、ケーキの半分にコルネなどで半月をイメージした放物線を描く。

② 放物線にそって、椿の大きいものから順にバランスを見ながら飾っていく。

③ 椿と椿の間にできたすき間に、葉っぱを飾り、その上に蕾を絞る。

④ 椿の反対側に、あえて間をおいて菊を飾る。余白を作ることで、よりエレガントな印象に仕上がる。

⑤ 最後に胡蝶蘭を菊の上に飾る。

Column

03

皿にデコレーションする

おもてなしとしてフラワーケーキを贈りたいときは
皿をさらにデコレーションして、特別感を演出して。

メッセージを描く ×

定番だけど嬉しい
チョコペンのメッセージ

チョコペンを使って、伝えたい気持ち
を表現。「Happy Birthday」や「Thank
you」、「I love you」などのメッセージ
に加え、ハートやスターなど、ちょっと
したイラストを描いても◎。

イラストを入れる ×

関連するイラストは
型紙があればかんたん

好きな形の型紙を皿に置き、上からコ
コアパウダーをかけて描くイラスト。型
紙は市販のものでも、自分で作ったもの
でもOK。ケーキやおもてなしに関する
イラストを用いて。

模様を入れる ×

お好みのソースで
ケーキにアクセントを

甘酸っぱいソースがあれば、バターク
リームのケーキもいっそう食べやすくな
ります。ドットやボーダー、花柄などで
鮮やかに彩れば、おいしさも美しさも両
方ゲット。

Chapter.4
フラワーケーキの基本

この章では
知っておきたい基本を紹介。
難しそうに見える花絞りも
コツをつかんで
色んな形にチャレンジして。

揃えておきたい道具と材料

美しくておいしいフラワーケーキを作るために用意しておきたい道具を紹介。
通常のケーキ作りに使う道具と基本的には変わりません。
それぞれしっかり準備して、基本をマスターしましょう。

1 ボウル
クリームやケーキを作るのに使用。なるべく大きくて深いものを選ぶと◎。

2 ケーキ回転台
土台を回しながら、ケーキにまんべんなくクリームを塗るためのもの。

3 クッキングペーパー
洗った道具の水気をきったり、作業台の汚れをとったりするのに使用。

4 ハンドミキサー／10 泡立て器
材料を混ぜ合わせたり、泡立てたりするのに使う。

5 スタンドミキサー
大量のバタークリームを作るときに使用する。全自動なので便利。

6 ヘラ
土台のケーキにまんべんなくクリームを塗るのに使用。

7 保冷剤
バタークリームを作るとき、ボウル内を冷やすために使う。

8 スケール
材料の重さを計るのに使用。グラム数は正確に計ること。

9 手鍋
水とグラニュー糖を温めるのに使用する。

11 ケーキナイフ
ケーキを切るための、専用のナイフ。扱いには十分注意する。

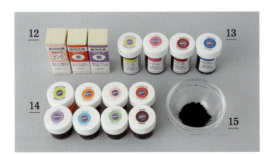

12 粉末状の食用色素
バタークリームの着色に使用する。水で練り合わせて使う。

13 ジェル状の食用色素
バタークリームの着色に使用。直接バタークリームに加えて着色する。

14 ジェル状の食用色素
バタークリームの着色に使用。本書ではWilton社のものを使う。

15 竹炭パウダー
黒いバタークリームを作るときに使用する。

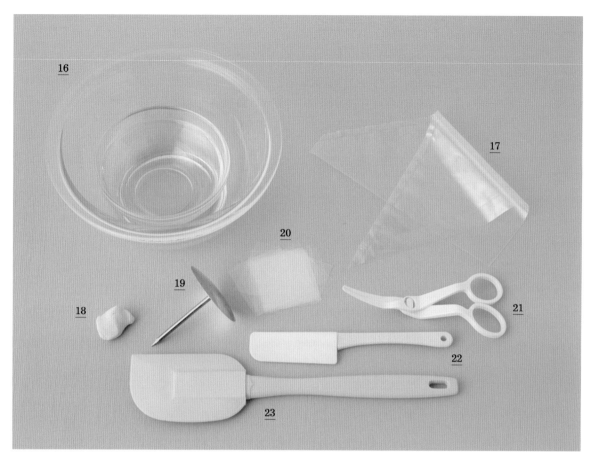

16 透明のボウル
バタークリームの着色に使用。中の色が見えるクリアなものだと◎。

17 絞り出し袋
花絞りなど、ケーキのデコレーションに使用。

18 練り消しゴム
台紙をフラワーネイルに固定するときに使用する。

19 フラワーネイル
花絞りをするときに使用する、指で回せる小さい台のようなもの。

20 台紙（OPPシート）
フラワーネイルに敷く。この上から花絞りをしていく。

21 フラワーリフター
絞った花を移動させるのに使用する。

22 パレットナイフ
デコレーションのとき、細かい作業を行うのに便利。

23 ゴムベラ
広い範囲にクリームを塗ったり、さっくり材料を混ぜるときに使用。

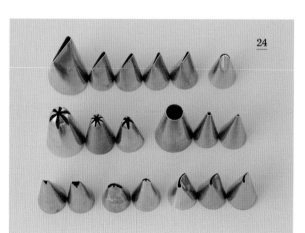

24 口金
花絞りなどのデコレーション時に絞り出し袋に固定して使用する道具。さまざまな種類がある（P.72参照）。

基本のバタークリーム

ふんわり軽やかなクリームを作るには、混ぜ込むバターの状態がもっとも大切です。
ここではイタリアンメレンゲ（P.70参照）をベースにしたバタークリームを紹介。
手際のよさも鍵となるので、行程をしっかり頭に入れてから作りはじめましょう。

[必要な道具]
・ふきん
・ボウル
・ハンドミキサー
・温度計
・鍋
・ゴムベラ

[材料]（作りやすい分量）
・バター（無塩）‥‥‥‥‥‥‥‥450g
A｜卵白‥‥120g（Lサイズ約3個分）
　｜グラニュー糖‥‥‥‥‥‥‥‥20g
B｜水‥‥‥‥‥‥‥‥‥‥‥‥‥60g
　｜グラニュー糖‥‥‥‥‥‥‥240g

[下準備]
・バターと卵白を室温に戻しておく。

1. ぬれぶきんを敷いてボウルを固定し、材料Aを入れてハンドミキサーで軽く泡立てる。

2. 卵白が白っぽい細かな泡に変わるまで泡立てたら、ハンドミキサーを止める。

3. 鍋に材料Bを入れて中火強にかける。砂糖が固まっていたらかき混ぜずに、鍋を揺らしてなじませる。シロップが113℃になったら、再度2のメレンゲを泡立てはじめる。

4. シロップを117℃まで煮つめたら火を止め、泡立てているメレンゲに加える。シロップがハンドミキサーに直接ふれないよう、ボウルの縁にそわせて1カ所から流し込むこと。

5. シロップをすべて流し入れたら、さらによく泡立てる。メレンゲにツヤが出て、ツノが立ったらOK。

6. ハンドミキサーを低速にし、泡立てながら冷ます。温度が高いと、次に入れるバターがとけてしまうので、40℃に下がるまで泡立て続ける。

7. 室温に戻したバターを3〜4回に分けて加え、その都度よく混ぜる。バターがかたいときはボウルを温めながら、バターがゆるいときはボウルを冷やしながら混ぜる。

8. バターをすべて加えたら、ぬれぶきんをとる。ときどきボウルを回しながら、さらによく混ぜ合わせて空気をしっかり含ませる。ふんわりとなるまで泡立てたら完成。

POINT

室温に戻したバターとは？

バターに指を置いたら、スッと中に入っていくくらいやわらかい状態のことです。かたいままでも、やわらかすぎてもメレンゲとうまく混ざらなくなります。軽くて口どけのよい、おいしいバタークリームを作るには、室温に戻してから混ぜることが大切です。

軽く指を置いて試してみよう

バタークリームの着色

食用色素を使えばカラフルなバタークリームを作るのが簡単に。
色素の量で濃淡を変えたり、色素を混ぜ合わせてさまざまな色合いを楽しんだり。
ここでは本書で使用している色素の着色方法を紹介。

01 ジェル状の食用色素
【必要な道具】ボウル／つまようじ／泡立て器

1. 必要な分のバタークリームをボウルに入れる。つまようじの先端でジェルをごく少量すくい、直接バタークリームに加える。

2. 色素が均一になるまで、泡立て器でよく混ぜる。好みの濃さになるまで少量ずつ入れ、その都度よく混ぜる。

3. 複数の色素を使いたいときは、ジェルを同時に入れるよりも、1色ごとに混ぜてから加えるほうが失敗しない。

4. 好みの色合いになるまで1～3を繰り返せばでき上がり。

02 粉末状の食用色素
【必要な道具】ボウル／ミニスプーン（付属品）／ボウル／泡立て器

1. 小ボウルに付属のスプーンで少量とり、同量の水を加えて練り合わせる。

2. 必要な分のバタークリームをボウルに入れ、1を少量加える。色素が均一になるまで、泡立て器でよく混ぜる。好みの濃さになるまで少量ずつ入れ、その都度よく混ぜる。

3. 好みの色合いになればでき上がり。

4. ジェル状のものと混ぜ合わせてもOK。グレイッシュトーンの落ち着いた色合いを出したいときは、ブラウンを加えるのがおすすめ。

03 ブラックを作る
【必要な道具】ボウル／スプーン／泡立て器

1. 真っ黒な色には竹炭パウダーがおすすめ。必要な分のバタークリームをボウルに入れ、スプーンで少量の竹炭パウダーを加える。

2. 色素が均一になるまで、泡立て器でよく混ぜる。

3. 1、2を繰り返し、好みの濃さになればでき上がり。

POINT

使い切れなかったバタークリームは表面をラップで覆い、保存容器などに入れて冷凍庫で1カ月（冷蔵は10日）ほど保存できます。使うときは冷蔵庫で解凍させ、泡立て器で再度空気を入れてふんわりした状態に戻しましょう。

基本のメレンゲ3種

おいしいバタークリームには欠かせないメレンゲ。
本書で使用している「イタリアンメレンゲ」のほかにも「フレンチメレンゲ」と「スイスメレンゲ」があります。
それぞれの特徴を知り、用途によって使い分けましょう。

01 イタリアンメレンゲ

泡立てた卵白に117℃に加熱したシロップを加え、さらに泡立てたメレンゲ。形が崩れにくいメレンゲができるため、ケーキのデコレーションに適しています。また、シロップの熱で殺菌効果があるので、ムースやアイスなどの生菓子にも最適です。

02 フレンチメレンゲ

菓子作りでもっとも一般的なメレンゲ。冷やした卵白に砂糖を2～3回に分けて加えながら泡立てます。オーブンなどでの加熱で気泡を膨張させることから、シフォンケーキや焼き菓子など、ふんわりした生地作りに適しています。

03 スイスメレンゲ

卵白に砂糖を加え、湯せんで泡立て50℃くらいまで温めたメレンゲです。気泡がきめ細かく、安定したメレンゲになるため、マカロンなどのメレンゲ菓子や、ケーキのデコレーションなど口金を使った絞り出しに向いています。

・(フラワーケーキとの相性)・

	01 イタリアンメレンゲ	02 フレンチメレンゲ	03 スイスメレンゲ
GOOD	◎卵白がしっかり殺菌できるため保存性が高い。 ◎気泡が安定しているため、手の熱でとけにくい。	◎手軽に作れる。 ◎あっさりとした甘さで口どけもよい。	◎口当たりのいいバタークリームに仕上がる。 ◎イタリアンメレンゲに比べ、作業行程が難しくなく、少量から作れる。
BAD	×シロップとメレンゲを同時進行で作るため、難易度が高い。	×卵白が加熱処理されていないため傷みやすい。 ×気泡が不安定なため、手の熱でとけやすい。	×卵白が完全に加熱処理されていないため保存性は低い。 ×イタリアンメレンゲに比べ、やや手の熱でとけやすい。
特徴	作業工程に慣れるまでは難しいが、花などの細かい絞りやデコレーションに適している。加熱処理がされているため衛生的にも安全性が高い。	花などの細かい絞りには向かないが、ケーキのナッペ、カップケーキの単純な絞り出しに適している。	ややとけやすいが、花などの細かい絞りもできる。イタリアンメレンゲよりも手軽に作れるため、初心者にはおすすめ。

02 フレンチメレンゲ

[材料]（作りやすい分量）
・バター（無塩）･････････ 200g
・粉砂糖（グラニュー糖も可）･･･ 70g
・卵白･････ 70g（Mサイズ約2個分）

[下準備]
・バターを室温に戻しておく。

HOW TO MAKE

1. ボウルに卵白と粉砂糖を入れ、泡立て器で均一になじませる。（写真）
2. ハンドミキサーでツノがしっかり立つまで泡立てる。冷蔵庫で冷やしておく。
3. 室温に戻したバターを別のボウルに入れ、ハンドミキサーでクリーム状に泡立てる。白っぽくふわふわになればOK。
4. 3に冷やしておいた2を入れて、よく混ぜればでき上がり。
※冷蔵保存3日ほど／冷凍保存1カ月ほど

03 スイスメレンゲ

[材料]（作りやすい分量）
・バター（無塩）･････････ 225g
・グラニュー糖･･･････････ 60g
・卵白･････ 60g（Mサイズ約2個分）

[下準備]
・バターを室温に戻しておく。
・フライパンに湯せん用の水を沸かしておく。

HOW TO MAKE

1. ボウルに卵白とグラニュー糖を入れ、泡立て器で均一になじませる。
2. 湯せんにかけ、ハンドミキサーで泡立てる。湯せんのお湯は沸騰させず、静かに泡が出ているくらいに保つ。（写真）
3. メレンゲがしっかりしてきたら温度を測り、50℃になるまで泡立て続ける。
4. メレンゲが50℃になったら湯せんから外す。ハンドミキサーを低速にして、泡立てながらメレンゲを冷ます。
5. 常温に戻したバターを別のボウルに入れ、ハンドミキサーでクリーム状に泡立てる。白っぽくふわふわになればOK。
6. 5に4を3回に分けて、その都度よく混ぜればでき上がり。
※冷蔵保存10日ほど／冷凍保存1カ月ほど

バタークリームのカラーチャート

本書で使用している主なカラー20色を紹介。
濃さを変えたもの、色を組み合わせたものも使用しています。
配合を参考にオリジナルの色作りに挑戦してください。

※食紅、竹炭パウダー以外はWilton社のアイシングカラーを使用しています。
※色の発色は、食用色素の微妙な分量の違いで異なることがあります。また、バタークリームの状態や温度によっても変化します。

(ホワイト)
無着色
ベースとなるバタークリームの色。

(レモンイエロー)
レモンイエロー
やや明るい黄色。

(イエロー)
レモンイエロー × ゴールデンイエロー
一般的な黄色。

(アプリコットオレンジ)
オレンジ × 食紅
赤みがかった淡いオレンジ。

(コーラルピンク)
ローズor食紅 × オレンジ
オレンジがかったピンク。

(ペールピンク)
ピンク
淡いピンク。

(ピンク)
ローズ
一般的なピンク。

(スモーキーピンク)
ローズ × ヴァイオレットorブラウン
グレイがかったピンク。

(コーラルレッド)
食紅 × ピンク
赤みがかった淡いオレンジ。

(コーラルピンク)
食紅
真紅、深みのある赤。

(ペールパープル)
ヴァイオレット
淡い紫。

(スモーキーパープル)
ヴァイオレット × 食紅
グレイがかった紫。

(パープル)
ヴァイオレット × スカイブルー × ロイヤルブルー
赤みがかった紫。

(スカイブルー)
スカイブルー
明るい水色。

(ロイヤルブルー)
スカイブルー × ヴァイオレット
紫がかった青。

(イエローグリーン)
リーフグリーン × レモンイエロー
黄緑、明るい緑。

(グリーン)
リーフグリーン
一般的な緑。

(モスグリーン)
モスグリーン
茶色がかった緑。

(ブラウン)
ブラウン
一般的な茶色。

(ブラック)
竹炭パウダー
真っ黒。

口金と絞り出し袋の使い方

バタークリームを絞るときに使う口金を紹介します。
細いラインや花芯部分の小さなドットを作りたいときなどには、手製の絞り「コルネ」が大活躍！
ぜひ基本の絞り出し袋の使い方とともに、コルネの作り方もマスターしましょう。

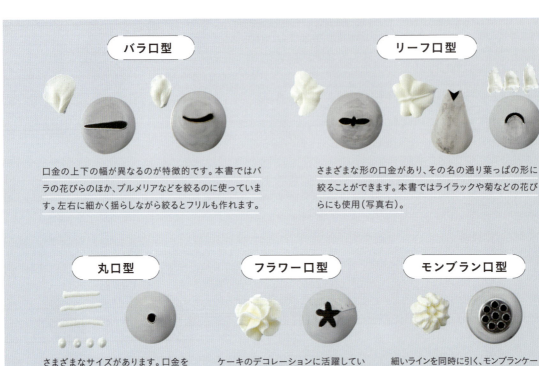

バラ口型
口金の上下の幅が異なるのが特徴的です。本書ではバラの花びらのほか、プルメリアなどを絞るのに使っています。左右に細かく揺らしながら絞るとフリルも作れます。

リーフ口型
さまざまな形の口金があり、その名の通り葉っぱの形に絞ることができます。本書ではライラックや菊などの花びらにも使用（写真右）。

丸口型
さまざまなサイズがあります。口金を垂直に当てれば立体的なラウンドが絞れ、口金を斜めにすればラインを引くことができます。コルネで代用可。

フラワー口型
ケーキのデコレーションに活躍している口金です。口金を垂直に当てて絞ると、簡単に花を絞ることができます。

モンブラン口型
細いラインを同時に引く、モンブランケーキを作るときに使う口金。本書では口金を垂直に当てて絞り、かすみ草の茎などに使用しています。

コルネの作り方

OPPシートかオーブンシートで作りましょう。
写真はわかりやすいように色のついた紙を使用しています。

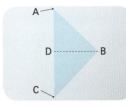
1. 正方形に切ったシートを半分に切り、二等辺三角形にする。いちばん長い辺の中心が先端（D）になる。

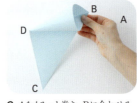
2. Aをくるっと巻き、Bに合わせる。

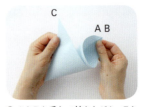
3. AとBを重ねて持ちながら、Cをくるっと巻いてBの裏側に合わせる。

4. 先端Dにすき間ができていないかを確認する。

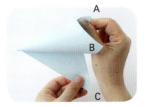
5. 右手でA、左手でCを持ち、逆方向にぐるっと1周させる。

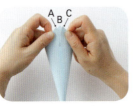
6. AとCの辺がぴったり合わせればOK（Bだけ反対側にある）。

7. 先端Dにすき間がなければ、中央をテープで留めて完成。

POINT
コルネの使い方
まず、バタークリームを小さなゴムベラなどで詰めます。先端まで手で寄せたら、先端をはさみで真っすぐに切りましょう。先端に近い場所で切るほど、小さなドットや細いラインを描けます。

絞り出し袋の使い方

手の熱でバタークリームがとけてしまうので、クリーム部分をあまり持たずに素早くセットするよう心がけましょう。

1. 絞り出し袋の先端に使用する口金を入れる。口金の先端から3分の1くらいのところに、はさみで軽く印をつけておく。

2. 1でつけた印のところを真っすぐに切り、口金の先端を差し込む。

3. 口金の根元にある絞り出し袋を3〜4回ねじり、口金に押し込む。

4. 3をコップなどに口を広げて立て、縁で折り返して固定する。ゴムベラでバタークリームを入れる。

5. コップから外し、利き手の親指と人さし指の間で絞り出し袋を持つ。

6. 3で押し込んだ絞り出し袋を伸ばす。

7. 空いている手で絞り出し袋の口をギュッと持ち、利き手でバタークリームを先端に向かって一気に押し出す。

8. バタークリームが口金のところまで送られていれば準備OK。

・(グラデーションクリームを作る)・

1. 着色したバタークリームを絞り袋の下側に、塗りつけるようにゴムベラで入れる。

2. 上にバタークリームを入れる。

3. 横から見たとき2層になっていればOK。

4. グラデーションのバタークリームを絞れる。

・(マーブル模様のクリームを作る)・

1. 花絞りで使った絞り出し袋からすべてクリームを出し切り、その中にバタークリームを入れる。

2. マーブル模様のバタークリームを絞れる。

花絞りの基本

本書で紹介している花絞りの中から、バラ口型を使った3種類の花を紹介します。
花絞りを上達させるには、とにかく何度もトライして、コツをつかむことが大切。
まずはこの3タイプの花で練習してみましょう。

5枚花

花絞りの基本となる、5枚の花びらだけで作る形。立体的に見せるには、花びらを絞る角度が重要になります。

【主な花】
ブルースター、プルメリアなど

立体的な花

中心に作った花芯を包み込むように、花びらが重なり合っていくものです。花芯→蕾→花びらの順に絞っていきます。

【主な花】
バラ、フリージア、チューリップなど

平面的な花

花びらが平面的に広がるタイプの花。のっぺりとした印象にならないよう、上の花びらと下の花びらを互い違いに絞るのがポイントです。

【主な花】
アネモネ、パンジーなど

5枚花　使用する口金：#103

1. 口金の口の広いほうを下にして持ち、フラワーネイルの中心に45度くらい傾けて当てる。絞るときは常にこの角度を意識する。

2. 逆ドロップ型を描くように上下に動かして花びらを絞る。フラワーネイルを口金が進む方向と逆にゆっくり回すと絞りやすい。

3. 2枚目は、1枚目の絞り終わりのすぐ下から絞りはじめ、花びらを少し立たせるように絞る。

4. 3枚目以降も直前の花びらの下から2と同様に絞る。

5. 2と同様に4枚目、5枚目を絞る。

6. コルネでドットを中心に3つ絞れば5枚花のでき上がり。

POINT
下準備

OPPシート、またはオーブンシートを1辺約5cmの正方形に切ります。花をいくつも絞るときは、先にたくさんシートを作っておきましょう。フラワーネイルに練り消しゴムを置いて、シートをのせると簡単に固定できます。

立体的な花【バラ】 使用する口金：#104

1. フラワーネイルの中心に花芯を絞る。口金の口の広いほうを下にして垂直に持ち、押し戻しながら絞り、上にスッと引き上げる。

2. 花芯を花びら4枚で包み込む。まず、花芯上部の奥から手前へ、花芯に巻きつけるように1枚目を絞る。

3. 2枚目を1枚目の半分の位置を起点にして、2と同様に絞る。

4. 3枚目は2枚目の半分の位置から、4枚目は3枚目の半分の位置から同様に絞ったら、蕾のでき上がり。

5. 蕾を花びら6枚で囲う。蕾の4枚目の半分の位置に、口金を垂直に当てる。花びらを立たせるように、奥から手前へ半円を描くように1枚目を絞る。

6. 2枚目を1枚目の半分の位置を起点にして、5と同様に絞る。

7. 6と同様に、さらに4枚絞れば完成。外側にいくにつれて、少し浮かせて絞ると、立体的に仕上がる。

平面的な花【アネモネ】 使用する口金：#104

1. 口金の口の広いほうを中心に当てて、寝かせるようにして持ち、1周絞って円を描く。

2. 垂直に持ち替えて、口金の口の広いほうが中心になるように、等間隔で4カ所に絞り、印をつける。

3. 2の印を中心に、4枚の花びらを絞る。口金を45度くらい傾け、逆ドロップ型を描くように上下に動かす。フラワーネイルを口金が進む方向と逆にゆっくり回すと絞りやすい。

4. 2枚目は、1枚目の絞り終わりのすぐ下から絞りはじめ、花びらを少し立たせるように絞る。

5. 4と同様に3枚目、4枚目を絞れば、下段の花ができ上がり。

6. 2と同様に4カ所に印をつける。2と同じ位置は避けて、少しずらした位置に絞る。

7. 3～5と同様に4枚絞る。上下の花びらが互い違いに見えていればOK。

8. コルネで、中心に大きめのドットを絞り、その周りを小さなドットで囲めば、でき上がり。

土台となるケーキの作り方

しっとりした重厚な生地でバターの風味が広がる「バターケーキ」と、
ふわふわな軽い口当たりが人気の「スポンジケーキ」。
フラワーケーキの土台となるケーキを2種類紹介します。

・(　　バターケーキ　　)・

[必要な道具]
- ふるい
- ボウル
- ハンドミキサー
- ゴムベラ
- 丸型(直径15cm)／マフィン型(6個)
- オーブンシート／ベーキングカップ
- 竹串

[材料](直径15cmの丸型1台／カップケーキ12個分)
- Ⓐ ┌ 薄力粉 ……………… 150g
　　└ ベーキングパウダー・小さじ2分の1強
- バター(無塩) ………… 150g
- 塩 ……………… ひとつまみ
- グラニュー糖 ………… 145g
- 卵(Mサイズ) ………… 3個
- 牛乳 ……………… 大さじ1.5
- ラム酒 ……………… 大さじ1.5

[下準備]
- Ⓐを合わせてふるう。
- バターと卵を室温に戻しておく。
- 型にオーブンシート(底:直径15cmの円形1枚、側面:縦5cm×横50cmの長方形1枚)を敷く。

1. ボウルにバターと塩を入れ、ハンドミキサーでクリーム状に練る。

2. グラニュー糖を加え、全体が白っぽくふんわりするまで空気を含ませるように泡立てる。

3. ときほぐした卵を3回に分けて入れ、その都度混ぜ合わせる。しっかり混ざらないまま、卵を加えてしまうと分離するので注意。

4. 卵をすべて入れたら、生地がふわふわになるまでさらに泡立てる。

5. Ⓐの3分の1をふるいながら入れる。ゴムベラを立てて切るように混ぜる。12時の方向に入れ、ボウルを手前に回しながら、底の生地をすくうように手首を返し9時の方向へ出す。

6. 粉気があるうちに牛乳を加えて、軽く混ぜる。残りのⒶの半量をふるい入れ、5と同じように混ぜる。

7. 粉気があるうちにラム酒を加えて、軽く混ぜる。

8. 残ったⒶをすべてふるい入れ、5と同様の混ぜ方で、粉気がなくなり、ツヤが出るまで切るように混ぜる。

9. 生地を丸型に流し込む。中心がふくらむので、型の縁に生地を寄せて中心を少しへこませておく。

10. 170℃のオーブンで20分焼き、160℃に下げてさらに20分ほど焼く。中心に竹串を刺して、生地がつかなければ完成。

11. カップケーキはマフィン型にベーキングカップを敷いて、生地を型の半分を目安にそれぞれ流し込む。型をトントンと打ちつけて空気を抜く。

12. 170℃のオーブンで20分焼く。中心に竹串を刺して、生地がつかなければでき上がり。

・（　　スポンジケーキ　　）・

[必要な道具]
- ふるい
- ボウル
- ハンドミキサー
- 小ボウル
- ゴムベラ
- 丸型（直径15cm）／マフィン型（6個）
- オーブンシート／ベーキングカップ

[材料]（直径15cmの丸型1台／カップケーキ12個分）
- 薄力粉･･･････････････････ 60g
- 卵（Mサイズ）････････････ 2個
- グラニュー糖（上白糖でも可）･･･ 60g
- バター（無塩）･･･････････ 20g
- 牛乳･･･････････････････ 20g

[下準備]
- 湯せん用の水を沸かす。
- 型にオーブンシート（底：直径15cmの円形1枚、側面：縦5cm×横50cm長方形1枚）を敷く。

1. ボウルに卵を入れて泡立て器でほぐし、グラニュー糖を加えてよく混ぜる。

2. 1を湯せんで温めながら泡立てる。グラニュー糖がすべてとけ、人肌くらいまで温まればOK。湯せんから外す。

3. 小ボウルにバターと牛乳を入れ、湯せんにかける。使うまで保温しておく。

4. 2をハンドミキサーで2分（卵1個につき1分）泡立てる。ハンドミキサーとボウルを逆に回しながら泡立てる。

5. ハンドミキサーを持ち上げたときに、生地で文字が書けるくらいの状態がベスト。

6. ハンドミキサーを低速にし、ゆっくり動かしてキメを整える。リボン状になったらOK。

7. 薄力粉をふるいながら入れ、ゴムベラで切るように手早く60回混ぜる。ゴムベラを立てて12時の方向に入れ、ボウルを手前に回しながら、底の生地をすくうように手首を返し9時の方向へ出す。

8. 湯せんにかけた3をゴムベラで受けながら、表面全体に振りまくように入れる。7と同様の方法で手早く60回混ぜる。

9. 生地を丸型の中心から流し込む。型をトントンと打ちつけて空気を抜く。

10. 170℃のオーブンで35分焼く。表面を指で押し、弾力があれば完成。焼き上がり後すぐ、型ごと20cmほどの高さから1回落下させ、ペーパータオルを敷いた台などに逆さにして冷ますとよい。

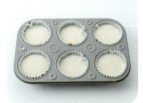

11. カップケーキはマフィン型にベーキングカップを敷いて、生地を型の8分目を目安にそれぞれ流し込む。型をトントンと打ちつけて空気を抜く。

12. 170℃のオーブンで20分焼く。表面を指で押し、弾力があればでき上がり。

ケーキのデコレーション方法

花絞りに慣れてきたら、デコレーションケーキに挑戦しましょう。
本書で紹介している4タイプのデコレーション方法を紹介。
花とケーキの接着にはバタークリームを使い、バタークリームを絞る量で、飾る高さを調整します。

01 盛りデコ

ケーキの表面に、すき間なく盛り込んだ豪華なデコレーションケーキ。立体感を出すために、中心がいちばん高くなるように飾るのがポイント。花束のように中心から外側に花を向けるイメージで配置します。

POINT（1）
バターケーキは中心が膨らむのでそれを活かす。スポンジケーキはひと回り小さいケーキをのせて、中央を高くする。

POINT（2）
花と花の間にできる小さなすき間には、かすみ草などの小花や葉っぱなどを絞り、表面が見えないように埋めていく。

POINT（3）
デコレーションはメインとなるものから飾るのが基本。イングリッシュローズのようにメインの花が大きいときは、あえて中心から避けたほうが、バランスが取れて存在感もある。

02 ライン

まずケーキの正面を決めて、縦、横、斜めの好きなラインをコルネなどで引きます。その線を中心にして、花をサイドに飾っていきます。完全な左右対称に飾るよりも、少し崩して配置するほうがバランスよく仕上がります。

POINT（1）
デコレーションは大きな花から順番に飾っていくと、バランスよく仕上がる。

POINT（2）
コルネで絞ったラインが見えないように飾る。

03
サークル

同じ種類の花を並べるだけでもキュートに仕上がる、初心者におすすめのデコレーション。大小さまざまな花を使ったリースの場合は、コルネなどで円を描いてから飾ります。円の内側の花は内向きに、円の外側の花は外向きになるように配置。高低差もつければ立体的になり、華やかなケーキに仕上がります。

POINT（1）
コルネで描いた円を隠すように、内側と外側と、ランダムに並べる。

POINT（2）
花びらが平面的に広がるあじさいを配置してから、立体的なラナンキュラスを飾るとバランスよく仕上がる。

POINT（3）
プルメリアのようなシンプルな5枚花は、花同士が少し重なるように飾ると立体的に見せられる。

POINT（1）
三日月の部分は、ケーキの表面が見えないように、小花や葉っぱなどを絞って埋める。

04
クレッセント（三日月）

あえて余白を作った、スタイリッシュなデザイン。コルネなどで目安となるラインを引いてから配置します。三日月のいちばん幅のある部分が重心となり、メインの花を飾ります。幅が細くなる部分には、小花や葉っぱを使うと美しい形に仕上がります。余白の部分はメッセージを書くこともでき、誕生日ケーキにもおすすめです。

POINT（2）
三日月の場合も、コルネで引いた線の内側は内向きに、外側は外向きに花を配置する。

Profile
長嶋清美（ながしま・きよみ）

Sakura bloom 主宰。
イギリスへの留学経験を経て、お菓子作りに興味を持ち始める。帰国後、洋菓子店でパティシエとして勤務。同時に藤野真紀子氏に師事。他に今田美奈子お菓子教室分室にて、師範科卒業。カフェの専属パティシエとして勤務し、オリジナルオーダーメイドのケーキや焼き菓子の販売などを行う。現在はケーキデコレーション・アイシングクッキー・お菓子教室を自宅やスタジオなどで開催。出張レッスンも行なっている。

【ブログ】https://profile.ameba.jp/sakurabloom28/
【instagram】https://www.instagram.com/sakura_bloom_sweets/

軽いバタークリームで作る
フラワーケーキ

2016年11月27日　第1刷発行
2022年10月3日　第3刷発行

著　者	長嶋清美
発行者	濱田勝宏
発行所	学校法人文化学園 文化出版局
	〒151-8524
	東京都渋谷区代々木3-22-1
	tel.03-3299-2401（編集）
	tel.03-3299-2540（営業）
印刷・製本所	株式会社文化カラー印刷

© 学校法人文化学園 文化出版局 2016　Printed in Japan
本書の写真、カット及び内容の無断転載を禁じます。

・本書のコピー、スキャン、デジタル化等の無断複製は著作権法上での例外を除き、禁じられています。本書を代行業者等の第三者に依頼してスキャンやデジタル化することは、たとえ個人や家庭内での利用でも著作権法違反になります。
・本書で紹介した作品の全部または一部を商品化、複製頒布、及びコンクールなどの応募作品として出品することは禁じられています。
・撮影状況や印刷により、作品の色は実物と多少異なる場合があります。ご了承ください。

文化出版局のホームページ　https://books.bunka.ac.jp/

この本に関する問い合わせ先
tel.03-5830-4840（スタジオダンク）
受付時間／月曜日〜金曜日の10：00〜19：00

Staff

撮影	福井裕子
スタイリング	木村　遥（スタジオダンク）
デザイン	田山円佳（スタジオダンク）
イラスト	今井夏子
校正	岡野修也
企画	小野麻衣子（スタジオダンク）
編集	老沼友美（スタジオダンク）
	木島理恵
	平山伸子（文化出版局）
撮影協力	UTUWA
	【問い合わせ先】03-6447-0070
	池谷三奈美